Deine „Wünsch-dir-was-Seite"

Hier kannst du dir jeden Tag eine Geschichte aussuchen. Zeig einfach mit dem Finger auf eines der Bilder und lass dir deine Lieblingsgeschichte vor...

© 2012 Esslinger Verlag J. F. Schreiber
Anschrift: Postfach 10 03 25, 73703 Esslingen
www.esslinger-verlag.de
Alle Rechte vorbehalten
ISBN 978-3-480-22960-4

Esslingers Erzählungen für die Allerkleinsten

Fantasiegeschichten

Erzählt von Gerswid Schöndorf *** Mit Bildern von Marina Krämer

ess!inger

1 Eine Party für Ele

Mitten in der Nacht wird Tom durch fröhlichen Lärm geweckt. Wer singt denn da vor seinem Bett? Jetzt trompetet sogar jemand. Neugierig knipst Tom die Nachttischlampe an. Nanu? Seine Kuscheltiere haben sich auf dem Teppich versammelt. Mittendrin steht der neue Stoffelefant, den Tom heute von Tante Johanna geschenkt bekommen hat. Er trötet was das Zeug hält. „Was macht ihr denn da?", fragt Tom verdutzt.

„Wir feiern eine Willkommensparty für Ele", maunzt die Katze. „Willst du mitmachen?"

„Au ja!" Tom klettert aus dem Bett und hockt sich zwischen seine Kuscheltiere.

Jetzt geht die Party so richtig los. Teddy kocht auf dem Puppenherd eine leckere Gummibärchensuppe. Die kuschelige Schildkröte holt Schokoküsse aus ihrem Haus. Das Schäfchen meckert ein schräges Lied und der Kuscheldino stampft den Takt dazu.

Erst lange nach Mitternacht sind alle müde. Auch Tom möchte nur noch ins Bett.

„Ich komme mit", miaut die Katze.

„Nö, heute darf ich bei Tom schlafen!", sagt die Schildkröte.

„Stimmt nicht", brummt der Kuscheldino. „Ich bin an der Reihe."

„Moment mal", trötet Ele empört. „Neue Kuscheltiere dürfen auf jeden Fall ins Bett."

„Ihr braucht nicht zu streiten", sagt Tom. „Ihr habt mich zu eurer Feier eingeladen. Und deswegen lade ich euch alle in mein Bett ein."

„Hurra", rufen die Kuscheltiere. Und schwuppdiwupp liegen sie alle in Toms Bett. Tom deckt sie sorgfältig zu, dann sucht er für sich selbst ein freies Fleckchen und im nächsten Moment ist er auch schon eingeschlafen.

So ein verhextes Durcheinander!

Die kleine Hexe Mathilde ist zur Geburtstagsfeier bei ihrer Freundin Zilli eingeladen. Der Weg dorthin ist ziemlich weit. Aber das macht nichts, dann fliegt sie eben. Doch wo steckt wohl ihr Hexenbesen?
Zuerst sucht Mathilde in der Küche. Oje, hier sieht es aber unordentlich aus. Auf dem Tisch liegen Kniestrümpfe. Im Backofen steht ihr Wecker. Und auf dem Fußboden sind Blumenzwiebeln verstreut. Die müssten doch eigentlich in die Erde!
Mathilde buddelt sie rasch im Garten ein. Prima, da wachsen bestimmt bald schöne Blumen. Aber ihr Besen ist immer noch verschwunden.
Im Bad ist er auch nicht. Dafür entdeckt Mathilde in der Badewanne ihre Lieblingstasse. Daraus schmeckt der Kakao besonders lecker! Und mit einem warmen Kakao im Bauch sucht es sich doch bestimmt viel besser. Als Mathilde ausgetrunken hat, ist der Besen immer noch nicht wieder aufgetaucht.
Auch im Wohnzimmer herrscht ein einziges Durcheinander. Der Besen ist nirgends zu sehen, aber dafür findet Mathilde hinter der Tür ihren Flummi wieder. Wie schön, den hat sie schon ewig gesucht! Als sie ihn auf den Boden prallen lässt, hüpft der Flummi quer durchs Zimmer und landet unter dem Sofa. Mathilde kriecht hinterher. Aber was ist das denn? Was liegt denn dort unter ihrem Sofa? Juchhu, ihr Hexenbesen!
Endlich hat sie ihn gefunden. Jetzt aber schnell zu Zillis Geburtstagsfeier! Mathilde nimmt den Besen, schwingt sich drauf und saust los.
Ob sie heute Abend mal aufräumen soll? Aber eigentlich findet sie doch auch so immer alles wieder ...

3
Kein Mensch unterm Bett

Das kleine Ungeheuer Eduard fürchtet sich vor den Menschen. Jeden
Abend schaut Eduard unter seinem Bett nach, ob da nicht einer sitzt.
„Ach Edilein", sagt die Ungeheuer-Mama. „Da unten ist kein Mensch.
Ganz bestimmt nicht."
„Aber wenn doch?", jammert Eduard.
„Dann tut er dir garantiert nichts", lächelt Mama und holt ein Buch aus
dem Regal. Sie setzt sich aufs Bett und das kleine Ungeheuer zieht
die Decke bis zur Nasenspitze hoch.
„Schau mal hier!" Mama schlägt die erste Seite auf. „Das ist ein
Menschenkind."
„Uiii, das sieht aber komisch aus. Das ist ja gar nicht grün."
„Stimmt, es sieht anders aus als du. Aber das macht gar nichts."
Mama zeigt auf das nächste Bild. „Hier isst das Kind mit seiner Mama
und seinem Papa zu Abend. So wie wir es auch immer machen."
„Guck mal", ruft Eduard aufgeregt. „Das Kind isst Haferflocken. Die mag
ich doch auch so gern!"
Mama nickt. „Und hier zieht es sich den Schlafanzug an und dann ab ins –"
„Halt! Erst Zähne putzen!"
Mama lächelt. „Genau. Vorher muss es noch die Zähne putzen. Und Pipi
machen. So wie du."
Auf dem letzten Bild liegt das Kind dann im Bett. Im Arm hält es sein
Kuscheltier.
„Hey, das Menschenkind hat ja die gleiche Kuschelente wie ich", ruft
Eduard und nimmt seine Stoffente auch in den Arm. „Eigentlich schade,
dass unterm Bett kein Mensch sitzt. Sonst könnten wir zusammen
noch ein bisschen mit unseren Enten spielen."

4 Pias Fee

Pia wollte eigentlich nur ihren Lieblingspulli aus dem Schrank holen.
Doch als sie die Schranktür öffnet, plumpst sie vor Schreck beinah auf
den Po. Auf ihren Socken sitzt nämlich eine kleine Fee.
„Was machst du denn hier?", stottert Pia.
„Keine Ahnung." Ratlos blickt sich die Fee um. „Also hier wollte ich ganz
bestimmt nicht hin. Ich wollte zu meiner Oma."
„Hast du dich etwa verzaubert?", fragt Pia neugierig.
„Ich zaubere nicht. Ich wünsche", entgegnet die Kleine etwas pampig.
„Schließlich bin ich eine Wunschfee und keine Zauberfee. Es gibt doch
ganz viele verschiedene Feen."
„Echt?", staunt Pia. „Das wusste ich gar nicht."
„Dieser Wunschspruch ist so schwer!", jammert die Fee. „Ich weiß einfach
nicht, was daran falsch ist."
„Sag ihn mir doch mal. Vielleicht kann ich dir helfen."
„Kakadu und Kakadei,
zur Oma will ich, eins, zwei, neun,
der Wunsch soll in Erfüllung gehen,
vier, fünf, sechs, auf Wiedersehen."
„Aber das ist doch ganz einfach", ruft Pia. „Nach zwei kommt drei und
nicht neun."
„Echt?", staunt die Wunschfee. „Das wusste ich gar nicht."
Pia überlegt einen Moment. „Also ich helfe dir gerne wieder beim Zählen",
schlägt sie dann vor. „Und du kannst mir dafür was über euch Feen
erzählen."
„Au ja, das machen wir. Jetzt düse ich aber erst mal zu meiner Oma.
Tschühüß, bis später."

5 Die geheime Tür

Heute darf Max bei seiner Oma übernachten. Sie wohnt in einem herrlich alten Haus. Dort gibt es immer wieder etwas Tolles zu entdecken.
Am Abend, als Oma Fernsehen schaut und Max schon schlafen soll, klettert er noch einmal aus dem Bett. Wo Oma wohl die Dose mit den Keksen aufbewahrt? Leise schleicht Max hinunter in die Küche.
Nanu, was ist das? Neben der Küchentür ist noch eine Tür. Die ist Max bisher gar nicht aufgefallen.
Als er sie öffnet, liegt vor ihm ein riesiger Garten mit Bäumen, Büschen und einer bunten Blumenwiese. Max sieht sofort, dass es ein ganz besonderer Garten ist. An den Bäumen wachsen keine Äpfel oder Kirschen. Das sind Schokobäume! Ihre Äste biegen sich tief nach unten, so viel Schokolade hängt daran. Klar, dass Max sich gleich was abpflückt. Hmm, er hat Nugat erwischt.
Aber es gibt noch mehr leckere Sachen in dem Garten. Die Blumen sind aus Weingummi, an den Sträuchern baumeln kleine Würstchen und dort ist ein ganzer Teich voll mit Vanillepudding. Max weiß gar nicht, was er zuerst essen soll. Als er Durst bekommt, läuft er zu einem Springbrunnen. Ist das Wasser? Ach was, Zitronenlimo! Das muss das Schlaraffenland sein!
Die halbe Nacht verbringt Max in dem wundersamen Garten. Erst als er pappsatt ist, geht er ins Haus zurück und plumpst in sein Bett.
Und am Morgen wundert sich Oma, warum Max überhaupt keinen Hunger aufs Frühstück hat.

Die Schmutzwutzels

Wenn Anne aus dem Kindergarten kommt, schaut sie immer als Erstes unter ihr Bett. Schließlich möchte sie wissen, was die Schmutzwutzels machen. Annes winzige Freunde wohnen dort unten zwischen Flusen und Staubflocken.
„Hallo", ruft sie. „Alles klar bei euch?"
Die Wutzels üben gerade Staubflocken-Schlindern. Das ist zurzeit ihr Lieblingssport.
„Hi, Anne!" Vergnügt winken sie ihr zu.
Nur der Oberwutzel schlindert nicht mit. Um diese Zeit hält er immer einen ausgedehnten Mittagsschlaf. Anne muss nicht lange suchen, bis sie ihn entdeckt. Er schnarcht nämlich furchtbar laut. Die Staubflocke, mit der er sich zugedeckt hat, wackelt hin und her.
Jetzt legen die Wutzels mit dem Flusen-Hopsen los. Anne würde zu gerne mithopsen. Aber leider sind die Flusen unterm Bett alle zu klein für sie.
Und außerdem hat Mama sie gerade zum Mittagessen gerufen.
Als sie am Tisch sitzt, sagt Papa: „Anne-Spatz, ich muss gleich mal bei dir im Zimmer saugen. Vor allem unter deinem Bett. Da ist vielleicht ein Dreck!"
Anne bekommt einen Riesenschreck. Papa achtet beim Saugen doch bestimmt nicht auf die Schmutzwutzels! Er sieht sie ja gar nicht.

Gleich nach dem Essen zischt sie ab, um ihre Freunde zu warnen.
„Wir haben ein Problem! Papa will bei euch saugen!"
„Oh nein, was machen wir denn jetzt?", rufen die Wutzels aufgeregt durcheinander.
Anne schaut sich im Zimmer um. Sie hört Papa schon im Flurschrank kramen. Gleich rückt er mit dem Sauger an. Die Wutzels müssen dringend umziehen. Bloß wohin?
Hey, die Ecke zwischen Schrank und Heizung ist doch ein Traumplatz für Schmutzwutzels! Da kommt ein Sauger niemals hin.
Schnell holt Anne eine Schachtel und lässt ihre Freunde reinklettern.
Den Oberwutzel nehmen sie huckepack, der schläft nämlich immer noch.
Der Umzug geht ganz fix. Schon sind alle Wutzels in ihrem neuen Zuhause gelandet.
Begeistert schauen sie sich um. „Hier sind ja noch mehr Flusen als unter deinem Bett", schwärmen sie. „Und diese herrlich dicken Staubflocken."
Sie decken den Oberwutzel mit einer weichen Flocke zu und probieren sofort aus, wie es sich auf diesen Flusen so schlindern lässt.
Und als Papa in Annes Zimmer saugt, stört sich niemand daran.

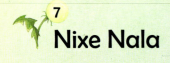

7 Nixe Nala

Die Nixe Nala und ihre Nixenfreundinnen haben ein Spiel erfunden. Es heißt ‚Fische ärgern' und geht so: Die kleinen Nixen verstecken sich zwischen Wasserpflanzen oder hinter dicken Steinen. Dort warten sie, bis ein paar Fische vorbeischwimmen. Dann preschen alle Nixen los, schreien „Buh" und kichern, wenn die Fische erschrocken abzischen.
Eines Nachmittags darf Nala schon eher zum Spielen raus als ihre Freundinnen. Weil sie nicht weiß, was sie machen soll, verfolgt sie ein Holzstück, das auf der Wasseroberfläche treibt. Kreuz und quer schwimmt die kleine Nixe durch den großen Teich. Aber irgendwann wird ihr das zu langweilig. Wo bleiben denn bloß die anderen? Nala schaut sich um. Huch, wo ist sie denn hier gelandet? Alles sieht fremd aus, sie weiß gar nicht, wo sie ist. Das Nixenmädchen fängt an zu weinen.
Da kommt ein Karpfen auf sie zugeschwommen. „Was ist denn los, Kleine?", blubbert er.
„Ich hab mich verschwommen", schluchzt Nala. „Ich weiß nicht, an welcher Wasserpflanze ich abbiegen muss."
„Wo wohnst du denn?"
„Seepferdstraße sieben."
„Die kenne ich. Komm, ich bring dich hin", brummelt der Karpfen und schwimmt los.
„Fische ärgern ist ein blödes Spiel", sagt Nala kurz darauf zu ihren Freundinnen. „Aber wie wäre es mit einem Wasserpflanzen-Slalom? Und mein neuer Karpfenfreund darf Schiedsrichter sein, wenn er mag."

8
Ganz ohne Flugzeug

Wie doof! Tobi hat so doll die Daumen gedrückt. Aber es hat nichts geholfen.
Sein Ballon hat es beim Luftballonwettbewerb nur bis zum Kirchturm
geschafft. Der von Celina ist bis an die Nordsee geflogen. Und nun hat sie
einen Rundflug über die Stadt gewonnen. Dabei hatte Tobi sich das so sehr
gewünscht.
Am Abend geht er traurig ins Bett. Da zupft plötzlich etwas an seinem Ärmel.
„Steh mal auf! Du kriegst jetzt Flugunterricht", piepst eine zarte Stimme.
Verwundert macht Tobi die Augen auf. Nanu? Vor ihm steht doch tatsächlich
eine kleine Elfe. „Los geht's. Stell dich aufs Bett und breite die Arme aus."
Tobi tut, was sie sagt.
Die Elfe setzt sich auf seine Schulter und piepst ihm Fluganweisungen ins
Ohr. „Motor einschalten!"
„Brrrrrr", macht Tobi.
„Check, der Motor läuft rund. Jetzt die Startposition einnehmen."
Tobi stellt sich auf die Bettkante und beugt sich vor. Aber das war zu weit.
Er verliert das Gleichgewicht und landet mit einem Plumpser auf dem Boden.
„Tower, Fehlstart", meldet die Elfe. „Neuer Start in fünf Sekunden." Sie wartet,
bis Tobi wieder richtig steht. Dann ruft sie energisch: „Und jetzt Gas geben,
Startklappen raus, Landeklappen rein, Fahrwerk rein, hepp und Schwung."
Tobi springt hoch und dann …
„Jippie. Ich fliege!", jubelt er und kann es selbst kaum glauben.
Er wedelt vorsichtig mit den Armen. Klasse, sogar das Steuern klappt.
Tobi schwebt einmal durchs Zimmer und dann zum Fenster hinaus.
Er steigt hoch in den Nachthimmel. Tobi fliegt über das Schwimmbad, kreist
über dem Kindergarten und winkt fröhlich zum Haus seiner Oma hinunter.
Schließlich fliegt er wieder nach Hause und landet sicher im Bett.
War das ein toller Rundflug, ganz ohne Flugzeug!

9 Paula ist schon groß

Eines Morgens wacht Paula auf – und ist schon groß! Toll fühlt sich das an! Ihre Bettdecke ist jetzt zwar ein bisschen kurz, aber das macht nichts. Vergnügt wackelt Paula mit den Zehen, die unten rausgucken.
Aber was ist denn das für ein Lärm im Schlafzimmer? Paula schaut gleich mal nach. Nanu? Mama und Papa sind Kinder geworden! Der kleine Papa hüpft wie wild auf dem Bett herum. Und die kleine Mama hockt hinter dem Sessel und schmollt.
„Was ist denn hier los?", ruft die große Paula.
„Ich will auch hüpfen", quengelt Mama. „Aber der lässt mich nicht."
„Du warst die ganze Zeit schon dran", widerspricht Papa empört.
„Jetzt streitet euch nicht!", sagt Paula und legt ihren Eltern was Schönes zum Anziehen raus.
„Das zieh ich nicht an!", mault Mama. „Ich will das Kleid mit den Blumen."
„Nein, Mama!", sagt Paula streng. „Dafür ist es heute viel zu kalt."
Nach dem Frühstück machen sich Mama und Papa fertig für den Kindergarten. „Mit dem Bauernhof wollte ich schon immer mal spielen", schwärmt Papa. „Das mach ich heute den ganzen Tag."
„Au ja", ruft Paula. „Ich auch."
Papa schaut sie erstaunt an. „Aber du gehst doch arbeiten! Und außerdem musst du uns Spaghetti kochen."
„Spaghetti, Paletti", singt Mama vergnügt.
Eigentlich ist es doch schön, wenn man noch klein ist, überlegt Paula. Man kann spielen und muss nicht arbeiten. Und man braucht nicht zu kochen, kann aber trotzdem leckere Spaghetti essen.
Am Abend fällt Paula todmüde ins Bett. Großsein ist zwar spannend, aber auch ganz schön anstrengend.
Am nächsten Morgen wacht Paula auf – und ist wieder klein. Wie schön!

10 Putzi, der Kokeldrache

„Du, Putzi?" Die Prinzessin schaut ihren Freund, den kleinen Drachen an. „Ich habe solche Lust auf Würstchen. Kannst du mir den Grill anspucken?"
„Nö, kann ich nicht!", entgegnet Putzi. „Beim Feuerspucken hab ich mir gestern so die Nase verbrannt. Nie wieder mach ich das!"
„Aber das geht doch nicht", stammelt die Prinzessin entsetzt. „Eine Drache ohne Feuerspucken, das ist wie … wie ein Geburtstag ohne Geschenke. Oder wie ein Sommertag ohne Grillen. Das ist schrecklich!"
„Ich weiß." Traurig lässt Putzi den Drachenkopf sinken. „Aber was soll ich denn machen? Ich kann mir doch nicht immer meine Nase ankokeln."
Die Prinzessin seufzt. Das geht wirklich nicht. Betrübt schaut sie auf ihren Grill. Sie hat schon alles vorbereitet. Die Grillkohle ist aufgeschüttet, auf dem Rost liegt Alufolie und darauf sind die Würstchen aufgereiht. Plötzlich hat die Prinzessin eine Idee. Sie reißt ein Stück Alufolie ab und bastelt daraus ein schickes Nasenhütchen für den kleinen Drachen.
„Probier's mal aus!", sagt sie. „Das ist feuerfest."
Vorsichtig spuckt Putzi eine Flamme. Die huscht übers Hütchen, doch seine Nase bleibt kokelfrei.
„Klappt prima." Vergnügt spuckt der Drache den Grill an. Und das erste Würstchen ist nur für ihn!

11
Julians Geburtstagswunsch

In diesem Jahr wünscht Julian sich, dass es bei seiner Geburtstagsfeier schneit. Mama behauptet zwar, dass das gar nicht klappen kann, weil Julian doch mitten im Sommer Geburtstag hat. Aber Julian wünscht sich den Schnee trotzdem. Schließlich kann man sich zum Geburtstag wünschen, was man möchte.

Und tatsächlich: Als Julian an seinem Geburtstag morgens aus dem Fenster schaut, rieselt es weiß vom Himmel herunter.

Aber es ist kein normaler Schnee, oh nein. Es schneit – Eisbällchen! Plitsch, platsch, landen sie unten auf der Straße und bei Julian auf dem Fensterbrett. Logisch, dass er gleich mal probiert. Hmmm, lecker, Vanilleeis.

Bis zum Nachmittag ist die ganze Landschaft ums Haus herum mit Vanilleeis bedeckt. Die Geburtstagsgäste kriegen vor Staunen den Mund nicht mehr zu, als sie das viele Eis sehen.

Julian und seine Freunde schlecken Eis, bis sie fast platzen. Dann bauen sie einen riesigen Vanilleeis-Mann, und anschließend rodeln sie immer wieder Hänge aus Vanilleeis hinunter.

So eine tolle Geburtstagsfeier hat noch keiner von ihnen erlebt. Und Julian überlegt schon mal, was er sich zu seinem nächsten Geburtstag wünscht.

Weitere Titel aus dieser Reihe:

Zoogeschichten
ISBN 978-3-480-22363-3

Tiergeschichten
ISBN 978-3-480-22265-0

Bauernhof-Geschichten
ISBN 978-3-480-22579-8

Ostergeschichten
ISBN 978-3-480-22711-2

Geschwistergeschichten
ISBN 978-3-480-22863-8

Prinzessinnen-Geschichten
ISBN 978-3-480-22468-5

Kuschelgeschichten
ISBN 978-3-480-22764-8

Einschlafgeschichten
ISBN 978-3-480-22171-4

Sandmännchen-Geschichten
ISBN 978-3-480-22491-3

Weihnachtsgeschichten
ISBN 978-3-480-22222-3

Christkindgeschichten
ISBN 978-3-480-22401-2

Adventsgeschichten
ISBN 978-3-480-22672-6